Markus Daumüller

Lehrerpersönlichkeiten

Elf Portraits

Bibliographische Information der Deutschen Nationalbibliothek. Die Deutsche Nationalbibliothek verzeichnet diese Publikation in der Deutschen Nationalbibliografie. Detaillierte bibliografische Daten sind im Internet über dnb.dnb.de abrufbar.

TWENTYSIX

Eine Marke der Books on Demand GmbH

© 2021 Markus Daumüller

Herstellung und Verlag:

BoD - Books on Demand, Norderstedt

ISBN 9783740786564

Inhaltsverzeichnis

1. Herr Anton............................ 4
2. Frau Grünkern....................... 21
3. Herr Blaubart....................... 32
4. Herr Rotfuchs....................... 37
5. Herr Gelbfuß........................ 42
6. Frau Braunbär....................... 47
7. Frau Lilifee........................ 51
8. Herr Weißschnitt................... 54
9. Frau Holle.......................... 60
10. Herr Kern........................... 64
11. Herr Graukohl...................... 71

1. Herr Anton

Herr Anton kam in die Klasse. Mit den Schülern hatte er einen Umgang wie mit Freunden, die sich necken, aber auch durchschauen. Niemand wäre auf die Idee gekommen, respektlos zu sein und seine Fachexpertise auszublenden. Er brauchte diese Rituale nicht, Schweigefuchs, Fingerheben, Klatschen, Methodenkram. Er fing an zu unterrichten, und alle hörten zu. Weil er etwas zu sagen hatte – oder besser: zu fragen. Er fragte nach Dingen, die ihn selbst interessierten. Was gegen Klimaerwärmung hilft, wie Trolle im Netz Wahlen beeinflussen, und welche Gesellschaftsform die gerechteste ist. Seine Fragen waren echt, er teilte sein Interesse und nahm die Schüler mit auf eine Reise durch die Fachlichkeit. Zusammen suchten sie nach Antworten, Verstehensmodellen, sie begaben sich auf die Spur des Wissens. Herr Anton hatte keine

Angst, verspottet zu werden, weil er vermeintlich Dinge nicht wusste. Er machte sein Interesse klassenöffentlich und inszenierte das Lernen als Suche. Er fragte permanent: Was ist Wissen, was ist es mehr als Information? Er lehrte die Schüler den Umgang mit Wissen, das andererseits durch sie und ihre Suche entstand. Dadurch wurden die Schüler ein Teil des Wissens. Sie produzierten gemeinsam Wissen.

Manche erwarteten Aufzählungen, oder Jahreszahlen. Doch sie bekamen nur Argumente. Auf eine gewisse Art brachte er sie zum Nachdenken über die Welt: Kein Stundenklingeln beendete das Problem, und keine Antwort galt als letztgültige Erklärung. Die Suche umtrieb sie im Kopf weiter. Es verfolgte sie.

Herr Anton hatte eine philosophische Ader. Unterrichten war für ihn eine Bühne des Denkens, eine Show der Dialogkultur. Er war Sokrates, der die Schüler zum Denken verführte. Ihre Gedanken wurden das Elixier seiner Show. Keine Fremdbestimmung. Schaffenskraft. Eigenes. Er vermittelte nicht, wie die mittelalterliche Stadt funktionierte, sondern fragte nach den Ideen dahinter, das Recht, das Wirtschaftsinteresse, eine Revolution des Standesdenkens? Herr Anton gefiel sich darin, lebendige Diskurse am Laufen zu halten, wie man etwas verschieden denken könnte. Sein Kopf war schnell, und seine Zunge auch. Er machte denkfaule Schüler zu seinen Gefährten.

Methoden, Motivationstechniken, Menetekel der Unterrichtswerkzeuge, das gab es hier nicht. Ihm ging es ja nicht darum, Informationen besser in die Köpfe zu bringen, sondern Dinge verstehen zu wollen. Das war anstrengend. Herr Anton konnte das so gestalten, als sei man ein Teil des Problems, als würden sich die Geschehnisse vor unseren Augen ereignen. Diese Form des Erlebens, wie sich ein Problem darstellt und wie man über es denken könnte, machte seinen Unterricht einzigartig. Herr Anton breitete nicht nur das Erklärungsbedürftige aus, sondern ließ Sinnfiguren über sein Verstehen lebendig werden. Wir brauchen mehr verrückte Philosophen und Professoren als Lehrer, Sucher statt Vermittler.

Herr Anton war sehr klug. Er trank viel Kaffee und war zügellos. Doch die Disziplin seiner Denkführung war bewundernswert. Keine Verwaltungsgeschäfte und keine Organisationsorgien fraßen seine Show. Die Bühne war die Bühne, und das Theater verträgt keine Tristesse. Seine Obsession war Ausdruck seiner Leidenschaft, mit Schülern über Fragen nachzudenken. Andere Geschäfte verrichtete er im Stillen, leise, Listen. Das wichtige hielt er präsent, und das unwichtige nicht. Das war sein ganzer Trick.

Herr Anton war eine leidenschaftliche Person. Fachliche Fragen, flapsige Gespräche mit Schülern, er war immer mittendrin. Klassenbücher, Konferenzdiskussionen und Zettelrückläufe verdrängte er aus seinem Kopf. Schule musste schön sein und lebendig, und kein Verwaltungsbüro. Sein Motto stand an der Heidelberger Uni: Dem lebendigen Geist. Ihm war es ein Anliegen, auch die rüpelhaftesten Subjekte zu Philosophen werden zu lassen. Dabei guckte er zu und empfand Freude, auch wenn die Manieren häufig von einer grobschlächtigen Natur waren. Herr Anton war davon überzeugt, dass es Bildung nur in der abstrakten Dimension gibt. Die Schulkultur der Aufzählungs- oder Kausalerklärungen verbannte er aus seinem Repertoire. Er wollte den lebendigen, nicht den nachvollziehenden Geist. Er stellte eine Frage allem Denken voran: Was ist die Wahrheit?

Herr Anton vermittelte jedem das Gefühl, als seien seine gestellten Fragen wichtig. Er stellte sie mit großer Ernsthaftigkeit. Niemand zeigte komplettes Desinteresse oder verhöhnte ihre Wichtigkeit. Das lag daran, dass Herr Anton aus allen fachlichen Problemen Lebensfragen machen konnte. Er diskutierte gar kein Fachwissen, sondern Wertmaßstäbe für das menschliche Handeln und den Aufbau von Systemen. Diese sind heute virulent. Die Fragen von Herrn Anton betrafen unsere Lebenswirklichkeit. Sie gingen uns etwas an. Herr Anton verstand, aus seinem Interesse ihre Fragen zu machen. Sein Humor und seine geistige Lebendigkeit ließen die Schüler zu Sehnsüchtigen werden. Sie wollten ihre Fragen klären. Herr Anton war ein großer Künstler der Pädagogik. Er baute keinen Zaun um eine Wiese und ließ die Schafe kontrolliert weiden. Er wusste: Kinder sind keine Schafe. Sie sollen

Menschen werden. Und Menschen brauchen echte Erfahrungen, nicht Simulationen. Deswegen ließ er sie mit ihren Gedanken an Grenzen stoßen. Sie verwarfen sie oder sahen in ihnen eine Chance. Sie sahen: Existenz ist ein Aushandeln der eigenen Vorstellungen mit der Welt um sie herum. Positionen sind Konstrukte. Sie das erfahren zu lassen, war Herrn Antons Unterricht. Er war auch ein Philosoph. Er fragte nicht, wie er Fachlichkeit inszenieren sollte. Er suchte nach dem persönlichkeitsbildenden Lernmoment in der Fachlichkeit. Er hatte eine Metaperspektive auf die Philosophie des Lernens in seinem Fach. Er war Lehrer, nicht nur Fachwissenschaftler. Auch dann war er immer Lehrer. Er lebte die Leidenschaft, die Fragen in ihm weckten. So war er weder ein Papagei, noch ein Trickkünstler, der alles wendete und drehte, um es besser verständlich zu machen. Herr Anton war einfach Sokrates. Die symbolischste der Platonfragen war ja: Ist die Tugend lehrbar? Er liebte es, Fragen zu stellen. Daraus bestand sein Unterricht. Aus einer Frage.

Um nach Antworten auf Fragen suchen zu können, muss man sehr viel wissen. Über das Denken. Kausales, dialektisches, symbolisches, hermeneutisches Denken. Über Denkmöglichkeiten, die das Gespräch lenken können. Diese Kunst verstand Herr Anton hervorragend. Er zeigte seinen Schülern, wie man Fragen unterschiedlich denken kann. Warum wird jemand ein Nazi? Mangelndes Selbstwertgefühl, Sehnsucht nach großem, Vorteile im Beruf, Faszination. Oder: Verstrickung in eine politisierte Lebenswelt, dabei Entpolitisierung des Einzelnen. Oder: Ins Labyrinth gehen und nicht wieder rausfinden. Oder: Wie versteht man aus dieser Biografie heraus diesen Schritt? Wie wird man ein Nazi? Auf diese vier Arten kann man diese Frage denken. Herrn Anton war natürlich bewusst, dass man ihm vorwerfen könnte, er würde kein Wissen vermitteln. Also füllte er die Denkstile mit Beispielen, die er recherchierte. Aber die Möglichkeiten, diese Frage denken zu können, waren das Leitruder seiner Vorgehensweise. Er war ein Experte im Denken. Wie viele Lehrer sind Experten im Denken? Fünf Prozent? Herr Anton hat es nicht im Lehrerseminar gelernt.

Ob Lehrer alt oder jung sind, ist egal. Als Persönlichkeiten, die einen eigenen Umgang mit ihrem Fach entwickelt haben, können sie Wirkung entfalten. Als Vermittler aufgehübschten Wissens nicht. Herr Anton war Mitte 50, bis er das verstanden hatte. Es erleichterte ihm den Umgang mit schwierigen Schülern sehr, weil er seine Autorität nicht aus Wissen, sondern seinem Können zur Moderation zog. Das steigerte seine

Offenheit für Denkstile, aber auch für Verhaltensweisen.

Herrn Anton war fachliches Arbeiten wichtig. Aber er wusste, dass es erst nach der Persönlichkeitsbildung kam. Denn das Fach hat in der Schule keinen Selbstzweck, es dient der Schulung des Denkens. Erst der Bildungswert, der aus dem fachlichen Arbeiten erwächst, macht ein Thema, eine Frage sinnvoll. Herr Anton konnte jedes fachliche Arbeiten zu einem ethischen Diskurs werden lassen. Er verwandelte Fachthematiken in Bildungsprozesse. Deswegen wurden seine Stunden nie langweilig. Die Schüler wurden dort zu anderen als die, die sie vorher waren. Darin lag für Herrn Anton der Sinn seiner Arbeit: Erfahrungen und Erkenntnisse zu ermöglichen, die sie als Menschen veränderten. Das klingt hochtrabend, doch die Bühne ist vor allem das: Ein Erfahrungsraum. Erfahrungen über die Deutungsmöglichkeiten der Prinzipien. Gerechtigkeit als Gleichheit? Als Leistungsprinzip? Als Existenz von Chancen? Sollen etwa alle die gleichen Noten kriegen? Schon entfachte er das Feuer. Herr Anton unterrichtete zwar ein Fach. Doch sein Auftritt mündete immer in der Reflexion von Handlungsprinzipien und war von daher alltagsbezogen. Das bildete seine Schüler und blieb. Herr Anton war nicht nur Sokrates. Er war auch ein Sophist. Die Vorführung des wortschönen flachen Denkens sollte Widerspruch erzeugen. Gerechtigkeit ist eben nicht Gleichheit. Sondern das Gegenteil davon. Dadurch ließ er die Bühne zu einer Arena werden, und Stierkämpfer haben mehr Motivation als Lemminge. Eine Arena braucht den Siegeswillen der Teilnehmer. Dann ging Herr Anton nach Hause. Ohne Ergebnis oder Sieg. Das mussten sie aushalten. Die Uneindeutigkeit der Welt. Das Streitbare des Zusammenlebens. Dass Recht haben vom Blickwinkel abhängt.

Herr Anton hatte die Show perfekt inszeniert. Erst Suggestion. Dann Information und Aufklärung. Warum hat die Suggestion verfangen? Herr Anton spielte auf der Bühne mit der Wahrnehmung der Schüler. Wie ein Zauberer. Nur fachlich. Wie wirklich ist denn die Wirklichkeit? Sein und Schein zu trennen. Nicht alles zu glauben, was man sieht. Herr Anton verstand es mit Dimensionen zu spielen. Seine Schüler fragten sich irgendwann, was ihre Wahrnehmung bedingt oder beeinflusst. Da wollte er hin. Dass sie sich fragen, von was ihre Wahrnehmung abhängig ist. Es war eine Bühne. Ein Ort der Illusionen. Wenn man mit seinem Anspringen auf Illusionen konfrontiert ist, dann lernt man wirklich. Er war auch ein Zauberer. Er stellte die Frage nach der Existenz der Dinge. Herrn Antons Expertise war die unserer Existenz. Philosoph war er nicht wegen schönen Worten. Er konnte erläutern, wie unsere Existenz und Lernen zusammen hingen und es umsetzen. Darin war Herr Anton ein Zauberer. Lernen und Wahrnehmen verbinden. Zu wissen, wie beides zusammen- und voneinander abhing. Obgleich er ein Fach lehrte, verstand er es, diesen Zusammenhang herauszuschälen und eine Stunde daraus zu machen. Herr Anton war weder Wissensvermittler noch Fachidiot. Er überlegte: Was ist Lernen in meinem Fach? Er wurde ein Philosoph des Lernens in seinem Fach.

Herr Anton beleidigte seine Schüler. Liebevoll. Er gab ihnen Spitznamen, die ihr charakterliches Verhalten parodierten. Dadurch wurde er zu einem Gamechanger, er durchdrang nicht nur sein Fach und das Lernen darin, sondern auch den Standpunkt der Lernenden. Er hatte diesen Adlerblick ins Innere, das lehrte viele seiner Schüler Ehrfurcht, und sie versuchten sich auch darin. Die Begegnungen waren locker, aber eigentlich wurden sie eine Psychoanalyse. Und wer sich ertappt fühlt, reißt sich zusammen und will durch Leistung glänzen. Seine Verzauberung hat begonnen. Ein bisschen Wertempfinden, ein wenig Betroffenheit von der Frage, Sherlock Holmes-Gefühl und Gläsernheit des Verhaltens – so in etwa lautete Herrn Antons Rezept für böse Buben. Und so gelang auch fachliches Arbeiten. Herr Anton befasste sich mit ihren Charakteren und spiegelte sie ihnen. Er öffnete jedem die Augen für sich selbst. Oftmals gelang ihm das durch die Diskussion einer Frage. Er war nicht nur Sokrates, ein Sophist, ein Zauberer und ein Psychoanalytiker. Er war der Baum, an dem sie sich rieben. Das war das Hauptkriterium für einen Lehrer wie Herrn Anton. Ein Baum zu sein, an dem sie sich rieben.

Herr Anton meldete sich heute krank. Er war müde. Das war alles so anstrengend. Die Verwaltungsarbeiten nahmen überhand. Er hatte das Gefühl, es ginge nur noch darum. Und nicht mehr darum, dass die Schüler ihre Persönlichkeit bilden. Schule war ein dümmliches Procedere geworden, ein Ablauf, in den man die Menschen presste. Herr Anton fühlte sich nicht mehr verstanden. Andere hielten ihn für einen Romancier, einen unheilbaren Idealisten. Tabletunterricht - Herr Anton spürte, dass seine Zeit vorüber war. Ihm war schlecht geworden. Doch seine Träume wichen Ängsten. Was wird aus diesen ganzen tollen Kindern? Nun, sie werden lernen zu funktionieren.

Herr Anton fuhr jeden Morgen seinen Wagen auf den Parkplatz vorm Schulgelände. Er hatte eine

Message. Dass es sich lohnt, über Fragen nachzudenken. Herr Anton war rührend altmodisch. Er hatte sich Videokonferenzen erklären lassen. Aber danach verschriftlichte er alle Gedanken und stellte sie online. Am Ende der Tabletstreamings verkündete er jedes Mal: Heute ist nicht aller Tage. Ich komm' wieder, keine Frage. Er vermisste die Begegnungen. Den lebendigen Geist. Das Lächeln der Gesichter. Er vermisste das Leben. Es gab nur noch Gefahren. Eines Tages war Herr Anton mit dem Auto umhergefahren. Er weinte. Schule war ein Theaterstück geworden, das von Technokraten gemacht wurde.

Herr Anton empfand das Denken als Therapie. Von allen Dingen im Leben war die Denkübung das Sinnhafteste. Auch ohne Ergebnis. Herr Anton war rastlos. Die Übung selbst gab ihm Befriedigung. Es war ein Ausbruch, sich sublimieren zu können. Von den profanen Dingen. Dass Leute ein Handy verbotenerweise benutzten. War ihm doch egal. Obwohl er altmodisch war, lebte Herr Anton nicht im Mittelalter. Er meinte eben nur, dass eine Show ohne Substanz sinnlos war. Herr Anton war individuell, ein Systemschreck, als den ihn viele sahen, wollte er gar nicht sein. Er dachte in Möglichkeiten, nicht in Bedingungen. Herr Anton suchte auch in seinem Leben. Er lebte sich und sein Leben in seinem Unterricht. Das machte ihn authentisch. Er wusste nicht Bescheid oder tat so, als wüsste er ganz viel. Obwohl er belesen war, glaubte er manchmal, er wisse gar nichts. Das machte ihn zu einem unwissenden Könner. Er verstand es, sein Wissen so einzusetzen, dass es einen immer als Unwissenden zeichnete. Sonst würde die Sache mit den Fragen ja nicht klappen. Seine Unsicherheit und sein Wissen versprühten den Charme der Ambivalenz. Und sie ließen ihn zu einer zugänglichen Person werden. Herr Anton liebte es, nicht leicht durchschaut zu werden. Er spielte mit seiner Ambivalenz. Mal widerlegte er Gedankengänge mit seiner Belesenheit und wechselte einfach die Ebenen. Mal stellte er naive Perspektiven entgegen. Wie ein Journalist nahm er immer die andere Seite ein.

2. Frau Grünkern

Frau Grünkern sah sich akribisch die aufgegebenen Arbeitsaufgaben an. Als Sprachenlehrerin legte sie Wert auf unerbittliche Disziplin. Frau Grünkern wusste, dass sich Nachlässigkeit in der Systematik irgendwann rächen würde. Sie war herzlich, aber unerbittlich. Es war nicht Drill, sondern freundliche, zugewandte Strenge. Sie hatte immer ein offenes Ohr, auch für private

Sorgen und Nöte. Frau Grünkern war leistungsbezogen, und alle Aufgaben standen unter diesem Credo. Frau Grünkern war die Schule; mit ihr konnte man sicher in die Prüfung gehen. Die Schüler schätzten an ihr Fachkompetenz und Durchsetzungsfähigkeit. Immer als erste morgens um halb 7 an Kopierer und Lehrerplatz, lüftete sie alle Räume gut durch als Start in den Tag. Frau Grünkern war wie Herr Anton obsessiv, aber anders obsessiv. Sie liebte Pünktlichkeit und Ordnung. Ihrem feinen Sinn für alles Regelunmäßige entging nichts, keine Schummeleien, keine Versäumnisse und keine Nachlässigkeiten. Lernen war für sie zwar auch Diskurs, aber gelenkt von feststehendem Wissen, Lernen war ein gelenkter Lernprozess. Und wer Erfolg haben wollte, musste sich fügen. Diese Welt der Ordnung der Dinge verstand sie auch bei wilden Horden umzusetzen. Eine Welt der Regeln. Regeln waren ihr wichtig, aber sie konnte auch mal Fünf gerade sein lassen. Frau Grünkern war dem Essen nicht abgeneigt. Sie versuchte in letzter Zeit, Schwimmen zu integrieren in ihre Woche; sie hatte auch lange ihren Husten nicht losbekommen. Frau Grünkern verausgabte sich. Sie rief in der Pandemiezeit jeden persönlich an um Sprechen zu trainieren. Sie fuhr die Aufgabenpakete persönlich aus. Sie kümmerte sich.

Frau Grünkern hatte eine starke Persönlichkeit. Sie war der Turm im Sturm. Auf ihre ruhige, aber bestimmte Art war sie der Fels in der Brandung. Obwohl sie erzieherisch auf Regeln setzte, hatte sie Respekt vor den Persönlichkeiten ihrer Schüler. Lernen war für sie ein Training. Und sie als Lehrerin war dazu da, diese Potentiale zu wecken. Sie war schülerzugewandt, sie war auch die Klassenmama. Frau Grünkern hatte jahrelang daran gearbeitet, das Setting zu optimieren. Jetzt war sie ein Profi. Sie wusste, auf was es ankam. Das spürte man. Und sie würde ihre Schüler niemals alleine lassen. Die Schüler konnten sich auf sie verlassen. Sie besuchte sogar kranke Schüler im Krankenhaus.

Eines Tages meldete sich Frau Grünkern krank. Alle waren in Aufregung, weil Frau Grünkern nie krank war. Frau Grünkern arbeitete gerne mit Jugendlichen. Ihren Auftrag verstand sie als Enkulturation. Sie konnte auch lächeln über kleine Charakterschwächen. Sie verstand es die Leute am Ball zu halten.

Frau Grünkern war aber kein Kleingeist. Sie war ein guter Organisator, aber die Wirrnisse der Welt ließen auch sie ratlos werden. Das würde man ihr zwar nicht anmerken, aber in einem gewissen Sinn machten sie sie unsicher. Irgendwas passte nicht mehr zu ihrem Setting. Die Welt war aus den Fugen geraten. Ihr großes Herz und ihr immenser Einsatz zeigten hier und da Bruchstellen angesichts der holistischen Dimension globaler Problematiken, die in unseren Alltag kriechen. Moderator, Trainer kann man nur sein, wenn der Untergrund klar ist. Frau Grünkern war Hermogenes, Wissen eine Übereinkunft. Sie war nicht Kratylos, der das Wesen der Dinge in der Wortfindung spiegeln wollte. Das platonische Höhlengleichnis, in dem den sich der Suggestion aufsitzenden Höhlenbewohnern der Kopf umgedreht wird, dass es knirscht, war ihr Metier. Sie lehrte ihre Schüler, die Realität wahrzunehmen. Frau Grünkern war auch ein Sokrates, aber nicht in der Denkverführung, sondern in der Attitüde des Auftritts.

Sie trug manchmal eine große Brille, die ihren Kopf noch größer machte. Sie trug immer schwarz. Sie liebte den Auftritt. Auch sie machte den Unterricht zur Bühne, aber es war gelenkter als bei Herrn Antons freien Denkübungen. Presentations ließen die Schüler schwitzen. Frau Grünkern war eine Frau des Durchhaltens, der Leistung. Da mussten auch die Schüler durch. Schwitzen. Bis der Erfolg kommt. Sie formte ihre Schüler in der Performance, und das Wissen blieb kategorial. Naturwissenschaften eben, das lehrte sie auch. Nur der Vergleich der Kategorien machte es fluide. Was Wissen sein kann, fragte sie nicht, das würde nur die Klarheit der Anforderungen durchstechen. Und der Erfolg gab ihr recht.

Ihre Obsession der pünktlichen und vollständigen Abgabe von Aufgaben wirkte manchmal wie Penetranz. Aber Frau Grünkern wusste um den Weg zum Erfolg, und sie blieb in der Interaktion immer menschlich. Sie kümmerte sich. Sie ließ nichts verkümmern. Sie war leidenschaftlich altmodisch, lehnte lange Zeit Videokonferenzen ab und sprach lieber Englisch am Telefon. Interessanterweise ist es das Altmodische, was Lehrerpersönlichkeiten ausmacht, auch wenn sie gar nicht alt sind. Wichtig schien, dass sie ein Bild von ihrem Beruf entwickelt hatte und es lebte, aktiv gestaltete, sich nicht treiben ließ. Während Herr Anton mit dem Denken spielte, hatte sie alles im Griff. Das Intellektuelle steckte für sie im Anwenden des Wissens, weniger in der Frage, was es sei. So wirkten zwei völlig unterschiedliche Charaktere auf die Schüler. Wichtig war nur, dass beide für etwas standen. Und dass sie Bildern von ihrem Beruf folgten, die sie selbst mitgestalteten. Dass sie wussten, was sie tun. Und herausstachen aus dem Alltag, den sie auf eine gewisse Weise zelebrierten.

Frau Grünkern machte zwar Druck, aber der Druck der vielen organisatorischen Herausforderungen steckte ihr in den Knochen, Konferenzen,

Pläne, Vereinbarungen – sie wusste Bescheid. Das war anders als bei Herrn Anton, der davon am liebsten gar nichts wissen wollte. Sie war sehr strukturiert, wiewohl Herr Anton das auch war. Er war ein Künstler des Denkens, sie war eine Meisterin der Erfolgsstrategie. Beide lehrten ihre Schüler auf ihre Weise Selbstdisziplin. Und dass Wissen mit unserer ontologischen Einbindung in unsere Lebenswelt zu tun hat, auch dann, wenn es sehr abstrakt scheint.

Frau Grünkern war nicht adrett, sie spielte keine Rolle und zelebrierte keinen Status. Sie war, wie sie war. Echt. Mit allen Macken, die ihr bewusst waren. Frau Grünkern war Frau Grünkern. Das machte sie aus. Sie gestaltete ihr Lehrerinnendasein nach ihren Vorstellungen und ruhte sich nicht darauf aus. Ihr Blick für die Substanz ihrer Arbeit war geschärft. Ihre Rastlosigkeit war legendär. Sie war eine lebendige Person. Lehrerpersönlichkeiten macht es aus, dass sie sie selbst sind und nichts spielen, was sie vielleicht sein wollen. Sie leben ihre Überzeugungen im Klassenraum. Vielleicht macht es sie aus, dass sie überhaupt Überzeugungen haben, die sie leben können. Arbeitet man an sowas im Lehrerseminar? Dort geht es um Methodik und Didaktik. Nicht um die individuelle Ausgestaltung der eigenen Arbeit. Sozusagen das, was einen selbst ausmacht. Das ist es, was Schülern Respekt abnötigt: Ein Mensch zu sein und kein Wissensverpacker. Wenn man so will: Eine Philosophie von seiner Aufgabe haben. Etwas, an das man glaubt. Zum Beispiel, wie man zu Erfolg kommt. Oder wodurch die Persönlichkeit reift. Die fachliche Kompetenz kann ohne diesen pädagogischen Glauben nicht wirksam sein.

Frau Grünkern hatte immer alle Schüler durch die Prüfung gebracht. Weil sie sie lehrte, an etwas zu glauben. Und weil sie als Frau Grünkern da war und man sich auf sie verlassen konnte. Das war der Trick: Sie lebte Frau Grünkern vor der Klasse und baute von da aus eine Rollendistanz auf. Diese Rollendistanz ist es, was Lehrer zu Persönlichkeiten macht. Nämlich auf eine Weise kein Lehrer des Systems zu sein, sondern eine Person, die ihr eigenes Ding macht, ihre eigene Konstruktion von Lehren und Lernen. Herr Anton und Frau Grünkern haben sich abgehoben von den normativen Wissensvermittlern, obwohl sie genau das machten. Aber sie wussten, dass dies nur das Vehikel für etwas anderes war, das über allem steht: Die Reifung der Persönlichkeit.

Obgleich Frau Grünkern eine organisierte Person war, waren ihr die Organisationsorgien der Schule über den Kopf gewachsen. Sie brauchte manchmal eine Freizeit vom Schulalltag, obgleich sie nie fehlte. Sie wollte ihre Lebendigkeit nicht verlieren und nur noch müde sein. Das wesentliche besteht nämlich darin, lästige Dinge ausblenden zu können. Das ist die Tragikomik der Schule: Dass Menschen, die ihr pädagogisches Wirken entfalten wollen, durch Organisationsmüll daran gehindert werden.

3. Herr Blaubart

Herr Blaubart war ein „Alt 68er". Er spielte politisches Kabarett und war durch und durch „Pädagoge". Das heißt, er machte mit seinen Schülern Entspannungs- und Konzentrationsübungen, er stellte Kisten mit Äpfeln ins Zimmer und las Phantasiereisen vor. Sein Hang zur Selbsterfühlung stand einer rigiden Reaktion bei Unterrichtsstörungen nicht entgegen. Er wusste, wie das Gehirn lernt, und das versuchte er zusätzlich zum Lernstoff zu aktivieren. Warum sich die Schüler bei Herrn Blaubart so wohl fühlten, lag daran, dass er den Lehrstoff nicht wie ein Zwangswissen abhandelte, sondern wie eine Reise durch ein unbekanntes Land. Das Pädagogische war bei ihm immer dominant. Er war Deutschlehrer und musste auch Grammatik durchnehmen, aber in erster Linie ging es darum, Wissen kindgerecht und hirngerecht zu organisieren. Sein Auftreten war von einer Bescheidenheit, aber von starker Präsenz geprägt. Er wollte ganz unter den Kindern sein, spüren, wie sie ticken und an ihrem So-Sein anknüpfen. Er war Pädagoge. Erst dann war er Deutschlehrer. Seine sympathische Ermutigung brachte eine angstfreie Atmosphäre in den Raum. Das Psychologische war ihm wichtig. Er konnte alle Themen in eine Welt des Mentalen entführen. Aber er war kein Guru, obwohl man das meinen könnte. Er schaffte nur kindgerechte Lernbedingungen.

Herr Blaubart konnte das Fachliche, das er zweifelsohne drauf hatte, als schön erscheinen lassen. Er hatte einen Sinn für die Ästhetik der Bilder, die die Geschichten transportierten, und er erfüllte damit den Raum, als wäre man dabei.

Herr Blaubart verzauberte seine Schüler. Er las mit ihnen Gedichte und ließ sie die Schönheit der Sprache spüren. Er füllte alle Kognitionen mit Wahrnehmung und Emotion. Stunden zwischen den Äpfeln waren wie ein Märchen, es fehlte noch die Therapiecouch. Aber das meinte Herr Blaubart sowieso, dass Germanistik kein Paukstoff ist, sondern heilen kann. Er war ein wenig verrückt. Aber er hatte eine Vorstellung von Lernen. Es geht einem ganz nah, es muss ergreifen, erfüllen mit Wärme. Lernen muss dein Inneres berühren. So wie bei einem guten Schauspieler, der seinen Text fühlt und mit der Figur, die er spielt, verschmilzt.

Herr Blaubart war kein Puppenspieler, er ließ die Schüler die Wichtigkeit der Themen fühlen. Er machte ihnen nichts vor, sondern ließ die Schönheit der Sprache leuchten. Er zelebrierte die Schönheit des Geistigen auf eine nicht aufdrängende Art und Weise. Herr Blaubart hielt zu seinen Schülern, er fiel ihnen nicht bei Kollegen in den Rücken. Er war leidenschaftlich. Er wollte den Kern der Sachen hervorholen und spüren lassen. Wie beim Kabarett. Er wusste, es kommt nicht auf Form oder Regeln an, sondern darauf, den inneren Kern der Dinge zu spüren.

Herr Blaubart stand für etwas, und man konnte sich daran reiben, und er ließ es zu. Interessant scheint es, dass Lehrerpersönlichkeiten Inhalte immer nur als Anlass für etwas Wichtigeres sehen, für eine Entwicklung der Person und ihrer

Sinne. Und ihrem Denken. Und ihrer Weltwahrnehmung. Um ein Gespür für das Leben zu bekommen. Das war für ihn das Wesentliche in der Pädagogik: Dass aus Wilden Menschen werden.

Es wäre aber ein Trugschluss zu glauben, dass er die Fachlichkeit vernachlässigte. Er verstand darunter aber etwas anderes. Sie war für ihn kein Regelwerk oder Ausdruck einer Systematik, sondern eine andere Artikulation des Lebens, Kultur. Kultur ist eine Ausdrucksform, aber sie umgibt auch unsere Lebenswelt. Wir sind von ihr umzingelt, durch ihren Atem spüren wir den höheren Sinn des Lebens. Herr Blaubart unterrichtete Kultur, durch sein Fach. Er brachte die Essenz der Fachlichkeit auf eine höhere Ebene, die man nicht lernen, sondern nur erfahren konnte.

Das war Herrn Blaubarts Meisterstück: Die Kultur unseres Lebens erfahrbar zu machen. Er legte die Grundsteine für alles Lernen. Er war ein Pionier, weil er Schöngeist war.

Auch Herr Blaubart spielte keine Rolle. Er glaubte daran, dass man eine Erkenntnis mit den Sinnen spüren und das etwas mit einem machen muss. Er war kein Wissensvermittler, sondern Musiker, und verwandelte die Kultur in erfahrbare Musik. Er war Künstler, und dadurch war er ein echter Lehrer. Er lehrte Ausdrucksformen.

Dann ging Herr Blaubart in Pension. Und es waren keine Künstler mehr da. Es fehlte diese Ebene des Lernens. Es war kalt geworden um das Kulturelle, weil Technokraten das Fach kaperten.

4. Herr Gelbfuß

Herr Gelbfuß war ein Lehrer mit Format. Mit den Jahren hatte er sich besondere Erklärungsmodelle für Mathematik zurechtgelegt. Er liebte die Schönheit der mathematischen Sprache. Mathematik beruhte auf Logik, aber die produzierte die unglaublichsten Ableitungen. Die Ideen hinter den mathematischen Erscheinungen faszinierten ihn, und er wollte, dass seine Schüler diese Begeisterung spürten.

Herr Gelbfuß kam in Cordsakkos und war etwas vergeistigt. Sein Ansinnen war, gleich in die Fachlichkeit einzusteigen und sich darin zu bewegen. Fachliches Denken war für ihn Ideenlehre, von einer dahinfließenden Schönheit. Er hatte kein Drumherum nötig, war ganz in der Struktur versunken, er versuchte, sich darin aufzuhalten, als sei man in einer anderen Welt. Die Reduktion auf das Wesentliche war seine Stärke, er brauchte keine Didaktik. Das Fach war der Lehrer, und er war der Mediator zwischen Schülern und Fach. Er versuchte, sie in dieses Denken zu verführen, indem er es zelebrierte. Das Fremdartige und die Angst davor ließ er nicht gelten. Freude war sein Antrieb. Er liebte auch mathematische Rätsel. Die Logik der Problemlösung. Mathematik war für ihn Kultur. Und eine Kunst, die man durch das Tun allmählich beherrschte. Er hatte ein Auge für die einfachen Heuristiken. Er suchte nach der Genialität der Einfachheit.

Jeden Tag lebte er dieses Verfahren auf eine intensivere Weise. Es war harte Disziplin dabei, es immer wieder von vorne zu probieren. Es war wie die Sehnsucht nach einem Wunder, in dem sich der Knoten lösen würde. Herr Gelbfuß war auf der Suche nach dem Genialen, der Struktur, die sich ihm aufdrängen würde aus dem komplizierten Gemenge. Das Heureka dieses Moments war für ihn das Glücksgefühl in der Durststrecke. Auch er lebte das Denken seines Fachs, er war kein Regelvermittler, und er war Didaktiker, weil er keine Methodenkunde lehrte, sondern Begegnungen mit dem fachlichen Denken, sozusagen Erlebnisse des Geistes.

Er hatte Wissenschaftsgeschichte studiert, und er wusste, dass die Matrix mathematischer Muster zwar regelhaft war, aber auf einer Idee beruhte. Diesem Anfang wohnte ein Zauber inne, er wollte diesen Zauber lehren. Manchmal etwas holzschnittartig, war sein Anliegen, hinter die Erscheinungen zu schauen, und Mathematik war für ihn wie Deutsch für Herrn Blaubart eine Kultur der Sensationen, und man brauchte ein Gespür für ihre Musik. Lehrerpersönlichkeiten schulen das Gehör, sie vermitteln keine Regeln. Also auch, aber diese sind Teile der Klaviatur einer Musik, und die Töne der Partitur sinnhaft zu deuten, ist das Wesentliche ein es Zugangs zum Fachlichen.

Lehrer wie Herr Gelbfuß brauchen keine Methoden, die etwas anschaulicher machen. Sie lenken nur ab von der Welt, in die man eintauchen soll.

Er war von einer spröden Natur. Er war keiner dieser Spielchenpädagogen. Er war Herr Gelbfuß, und das machte ihn aus. Dass man kein Clown oder Unterhalter sein musste, um etwas zu erreichen. Und dass die Welt eines Fachs ein Abenteuerspielplatz sein kann. Dass Erlebnispädagogik eine andere Bedeutung haben kann. Dass das Piano eines Fachs eine Welt der Sinne ist. Herr Gelbfuß war etwas autistisch, wenngleich Kommunikation für ihn kein Fremdwort war. Sein Hang zu fachlicher Korrektheit nervte die Schüler manchmal. Aber er war eine Notwendigkeit. Sonst würden ja die Ideen nicht mehr stimmen. Herr Gelbfuß liebte sein Fach. Das war seine Pädagogik. Ihm war es ein Gräuel, sein Fach kindergartenmäßig zu verunstalten.

Seine Schülerzuwendung lag nicht in Spielereien, sondern darin, dass er die Schüler ernst nahm und jedem zutraute, Freund der Mathematik zu werden. Herr Gelbfuß war Pythagoras. „Ach, meinte er, quadratische Funktionen sind doch keine Funktionen." Er haderte oft mit dem niedrigen Niveau an Schulen. Seine Belletristik waren funktionale Zusammenhänge. Alltagsmathematik sprach nicht diese Sprache. Er lebte eine Strenge fachlicher Denkdisziplin, aber er war überzeugt, dass Strenge und Kreaviät keine Widersprüche sind. Ein Fach war wie eine Welt, in der man sich bewegt und entdeckt.

Herr Gelbfuß war etwas mürbe davon, dass alle erwarteten, er solle das Fach so erklären, dass es keine Schluckbeschwerden bereitet. Das war nicht möglich, dazu müsste man ja das Gespür dafür auseinandernehmen. Das ging nicht. Oft lag er wach und dachte, seltsam, warum gibt es

Fächer mit eigenem Denken, wenn Schule aus Bildung Schulbildung macht.

5. Herr Rotfuchs

Herr Rotfuchs war überzeugter Hauptschullehrer. Von seiner Sprache bis zu seinen Wutausbrüchen haben die Schüler deswegen Respekt entwickelt, weil Herr Rotfuchs seinen Gefühlen zwar freien Lauf ließ. Aber er sorgte sich um ihre Zukunft und setzte sich persönlich dafür ein, dass jeder einen Ausbildungsplatz bekam. Herr Rotfuchs hinkte und blickte schief, ein Schlaganfall verunstaltete sein Gangbild. Aber er war unermüdlich darin, den Schwachen die Welt zu erklären. Volumen des Quaders? Er ging mit ihnen ins Schwimmbad und ließ die Regel erfahren. Herr Rotfuchs war eine Nervensäge. Er fragte nach dem Sinn schulischer Entscheidungen. Aber er war überzeugt davon, dass alle Menschen eine Chance verdient haben, und die Schule sich genau davon verabschiedet hat.

Jeden Tag folgte er einer Spur des Verständlichen, des Einfachen, er öffnete Blickweisen und gab den Schülern Hoffnung. Auch Herr Rotfuchs war kein Didaktiker, und Methoden waren ein Fremdwort. Er schälte fein säuberlich das Notwendige aus den Sachen, damit die Wiederholung klappt. Und er war überzeugt davon, dass praktische Fähigkeiten der Anwendung wichtiger waren als vergeistigte Experimente. Er dachte an Lebensfähigkeit. Geistige Höhepunkte hielten ihn nur ab von diesem Ziel. Herr Rotfuchs war Peter Lustig, er lehrte die Schüler, praktische Zusammenhänge zu begreifen. Er war aber auch ein großer Lebensphilosoph. Er reduzierte seinen Besitz auf das Wesentliche und lebte Bescheidenheit. Sein Lebensstil und sein Zugang zu schulischem Wissen waren eins.

Herr Rotfuchs war der geborene Hauptschullehrer. Er wusste genau, worauf es in solchen Klassen ankommt. Dass Begreifen dauert. Dass man es immer wieder und anders erklären muss. Dass Methoden das zu Begreifende nur verwässern. Dass es hier engere Horizonte des Verstehens gibt. Dass wir diese Leute brauchen, wenn Auto oder Heizung kaputt sind. Dass das Leben uns lehrt, Leben zu lehren. Das war Herr Rotfuchs. Obwohl er wusste, dass ja das Leben Leben lehrt und nicht die Schule, galt sein Ehrgeiz der Sehnsucht nach einem zufriedenen Leben. Er implantierte auch den hoffnungslosesten Fällen eine Aussicht auf Existenz, und er glaubte daran, dass Tugenden wie Fleiß keinesfalls altmodisch sind. Er war nicht intellektuell, aber schlau.

Herr Rotfuchs warf mit dem Schlüssel nach Schülern, aber keiner nahm es ihm übel, dass er ihre Sprache sprach, wenn er ihnen verdeutlichte, wie es nicht geht. Sein großes Herz und sein cholerisches Auftreten gingen eine Symbiose ein, er war niemals verachtend, er hatte Respekt davor, wenn weniger intelligente Schüler sich anstrengen. Herr Rotfuchs war ein Schleifer, und es wirkte. Interessanterweise empfand das niemand als Tortur. Aussichtslose Fälle nahm er persönlich unter seine Fittiche. Er lehrte sie Überlebensfähigkeit. Und Tugend. Das Interessante ist ja, dass die Beziehung einer so verschrobenen Person zu ihren Schülern etwas in diesen bewirkte; es war nicht nur Pragmatismus, sondern darin steckte Sehnsucht nach einem selbstbestimmten Leben. Auch Herr Rotfuchs hatte begonnen, das Piano des Lebens zu lehren. Die Musik der Zukunft. Er lehrte nicht nur Mathematik. Er war ein

Lebensphilosoph, der die einfache Sprache der Schüler sprach. Dass es sich lohnt, etwas aus sich rauszuholen. Dass niemand verloren ist. Dass aus jedem was werden kann. Das alles.

Seine Schlichtheit war nicht schlicht. Es war eine große Kunst, einen Zugang zu finden zu diesen Jugendlichen. Es war auch Philosophie. Es war der Atem der Vergessenen. Er rettete sie.

Herr Rotfuchs war durch und durch weise. Man glaubte nicht daran wegen seiner grobschlächtigen Manier. Aber er sinnierte viel über seine Arbeitsweise. Er wusste genau, was er tat. Und seine Schüler wussten es auch.

6. Frau Braunbär

Frau Braunbär war eine sportliche Person. Mit dem Fahrrad radelte sie häufig zur Schule. Ihrem etwas klobigen Erscheinungsbild würde man das nicht zuordnen. Sie war ein Kumpeltyp, mit dem man durch dick und dünn gehen konnte. Frau Braunbär war ebenfalls Mathematiklehrerin, aber sie verstand dieses Fach anders als Herr Gelbfuß. Sie war eine Pragmatikerin. Sie erklärte laut und deutlich vorne das Procedere, sodass jede Schwierigkeit in einem Arbeitsablauf mündete. Den Schülern viel es wie Schuppen von den Augen, wie einfach ihnen schwierige, angsteinflößende Aufgaben erschienen. Frau Braunbär war praktisch veranlagt. Sie drehte unterwegs einfach ihr Fahrrad um und reparierte einen Platten. Und genauso vermittelte sie allen das Gefühl, Mathematik sei ein Handwerk, das man erlernen könne. Das befreite viele von ihrer Angst. Ihre

Philosophie bestand darin, dass Schlichtheit das Leben einfacher machte und Komplexität leicht zu durchschauen ist. Als Technikerin war es ihr möglich, Zahnräder berechenbar ineinander greifen zu lassen. Und so wurden auch mathematische Einzeloperationen zusammengefügt. Mathematik war wie Auto reparieren.

Frau Braunbär aß morgens ihr Müsli, während sie Schulorganisatorisches erledigte. Sie behielt immer die Ruhe. Sie war wie ein Buddha, um sie herum tobte der Krieg. Sie besaß diese beängstigende Leichtigkeit, mit der sie allem Problematischen begegnete. Sie war Mutter Moral. Sie tadelte inadäquate Schüleräußerungen, aber eher als Persiflage des Tadels, weniger aus erzieherischen Gründen. Frau Braunbär war sehr unkompliziert. Sie hatte kein Regelsystem und keine Belohnungsstrategien. Sie war einfach Frau Braunbär. Sie stand für die Abläufe mathematischer Regeln. Es war keine Sprache, es war eine Technik.

Ihr trockenes Auftreten versprühte einen Charme der Ehrlichkeit. Abschlussfeier während Corona: Einfach im Anwesen eines reicheren Vaters. Sie hatte für alle Probleme eine Lösung. Sie korrigierte sogar kreativ. Das war Frau Braunbär. Sie machte Unterricht zu einem erkenntnisreichen Feld der Anleitungsbroschüren.

Mathematik war für sie ein Baukastensystem, und in das Spielen mit Lego kann man auch versinken. Aber Mathematik war wie Spielen mit Bausteinen. Farben und Formen standen für Systematik, und die Feinmotorik war erlernbar. Frau Braunbär wollte nicht wie Helene Fischer sein. Sondern wie ein guter Handwerker, der seine Arbeit macht. Diese Bodenständigkeit war ihre Musik. Die Musik des Lebens.

Sie war nicht streng, sondern versprühte Stringenz. Sie machte sich lustig über die kleinen Schwächen ihrer Schüler. Das war ihre Zuwendung. Charaktere zu durchschauen und ihre Besonderheiten einzubauen in ihr Setting. Sie hatte auch Spaß am Lästern. Sie war eine echte Lästerschwester. Das hieß aber nur, dass sie die eigentlichen Schwächen lustig und interessant fand und eine gute Beobachterin war. Dass sie sich für die Menschen interessierte. Frau Braunbär hatte keinen Altar und keine Monstranz. Ihr Atem des Lernens war die Selbstmotivation, keine pädagogischen Mätzchen, keine Belohnungen für Selbstverständliches. Sie konfrontierte ihr Publikum einfach mit Tatsachen.

Frau Braunbär hatte einen guten Draht zu ihren Schülern, weil sie die Schule als eine einfache, schöne Welt, in der man Spaß haben konnte, verkörperte.

7. Frau Lilifee

Frau Lilifee war eine elegant gekleidete Person. Sie lehrte die Schönheit der Metaphern. Sie schmückte das Zimmer gerne mit Sternchen und Blümchen. Das war aber keine Folklore. Es war eine Welt, in der sie lebte, voller Poesie. Die Grenzen meiner Sprache sind die Grenzen meiner Welt, sagte einst Wittgenstein. Frau Lilifee war Wittgenstein. Was sind die Grenzen der Sprache? Da wollte sie ihre Schüler hinführen. Frau Lilifee unterrichtete Wortbilder. Man konnte die Bedeutungen imaginieren und gewann den Zugang zur inneren Welt. Es war ein Manifest der Grenzerfahrungen. Was konnte Sprache sagen, was nicht? Das war ihr Thema. Sie war keine Deutschlehrerin. Das war sie natürlich. Aber eigentlich malte sie Bilder aus Wörtern, die ihre Schüler verzaubern sollten. Die verstanden das nicht immer, aber da war Frau Lilifee bereits in der geistigen Welt. Sie machte keine Lautmalerei. Sondern sie wollte erfahrbar machen, welche innere Essenz in der Sprache wohnt. Das Sinnhafte hervorkehren, die Sprache von innen lesen. Die Performanz der Grammatik war zwar auch ein Teil ihrer Arbeit. Aber Sprache war viel mehr. Sie war eine Welt. In den Ferien fuhr Frau Lilifee auf den Bauernhof ihrer Schwester und schaufelte mit ihrem Kleinkind Mist. Kontrastprogramme waren das Elixier ihres Daseins. Die Sinne am Leben halten. Riechen. Spüren. Verstehen, was uns Energie gibt. Farben der Eindrücke zusammenfügen, bis etwas Neues entsteht. Frau Lilifee war eine Künstlerin. Also eigentlich lernte sie Friseurin. Aber sie beherrschte die Kunst der Ästhetik, die aus der Sprache kommt.

Sie ließ es nicht zu, sich über diese Ebene lustig zu machen. Hier war das Verstehen verortet. Das Wahrhaftige. Es geht nicht um Geschichten oder was der Autor uns sagen will, sondern um die Komposition von Farben. Sprache war Malerei. Manchmal taten die Schüler sich sehr schwer, das zu verstehen. Frau Lilifee spielte das Piano der Farben, und die Misstöne waren die Grenze der Sprache. Disharmonien erkennen. Wir erinnern uns: Das Gehör schulen. Symbole deuten können. Auch für Frau Lilifee ging es um Existenz, nicht um Deutschunterricht.

Sie war etwas überfordert mit dem ganzen Schulablauf. Termine, Konferenzen. Aber trotz Stress war Sprache Ausdruck des Schönen, keine Technik. Ihre Klamotten passten hervorragend zu dieser Einstellung. Schwarz ließ Farben leuchten. Ein Konzert begann. Manchmal wurde es auch nur eine Autofahrt.

Frau Lilifee wollte ihre Schüler entführen in eine Welt der Sinne. Durch Sprache. Durch Schönheit. Durch Ästhetik. Durch die Töne der Wörter.

Ihre Partitur war eine Leiter, die man besteigen muss, um dahin zu blicken.

8. Herr Weißschnitt

Herr Weißschnitt hatte eine exponierte Stellung. In seinem Zimmer überboten sich die Bildschirme. Die Logik von Plänen und Programmen war seine Welt. Er liebte es Lücken darin aufzustöbern und auszunutzen, er hatte diese Schlauheit des Reihenhausbesitzers, der nach Abenteuern sucht. Sein Humor brachte Wüsten zum austrocknen. Man brauchte Jahre, um den morosen Blick deuten zu können. Er war schlicht, aber eindeutig war er nicht. War er etwa sauer auf mich? Herr Weißschnitt war von einer holzschnittartigen Genialität. Er erkannte mathematische Lösungswege, auf die im Leben keiner gekommen wäre. Er war unprätentiös, aber genial.

Als Bauchmensch im Pulli war er aber auch gemütlich, und er hatte ein großes Herz für die Schüler. Deren Tollpatschigkeit amüsierte ihn, und er brachte die unmöglichsten Klassen durch die Prüfung. Wie hat er das gemacht? Er stotterte manchmal und war wahrhaftig kein Sprachgenie. Er war auch kein Didaktiker. Er war eine Persönlichkeit. Er machte den Stundenplan der Schule. Und so unterrichtete er auch Mathematik. Alles war logisch, und alles hing mit allem zusammen. Und es machte ihm Freude, dieser grauen Matrix unkonventionelle Vorgehensweisen zu entlocken, solche, die man nur mit großem Vorwissen und dem notwendigen Gespür entdeckt. Dann dachte jeder, ein Lichtblitz hätte die Lerngemeinschaft getroffen. Ein Heureka, das wie ein Staubkorn daherkam. Wenn er sich freute, dachten alle, dass er endlich lebendig wurde. Dass der

Sarkasmus einen Namen trägt. Dass der Pulli nach Atem riecht.

Wie machte er das: Ohne Lebendigkeit faszinieren? Das lag an seiner Art, das Denken des Fachs zu beherrschen. Nicht Algorithmen, sondern Axiomatik. Er war brillant darin, Muster in Zusammenhängen zu erkennen und daraus Vorgehensweisen abzuleiten. Seine Schnelligkeit hatte etwas Geniales. Und er weckte die Sehnsucht danach, etwas von dieser Genialität selbst erwerben zu können. Auch ihn machte vor allem der Umgang mit der Materie aus. Diese lud ein zu einer Entdeckungsreise inmitten der entwürdigenden Hoffnungslosigkeit der Lernfabrik. Herr Weißschnitt war frei von jeder Methodik. Er lehrte einfach die Genialität der Axiomatik. Mathematisches Denken bestand darin, Muster aufleuchten zu lassen. Kein Anwendungsbezug und keine Farbenmätzchen verunstalteten die reine

Lehre von den Mustern. Durch seinen bescheidenen und uneitlen Auftritt wurde diese Lehre zum Bühnenstar. Scheinwerfer an, er war nur der Puppenspieler, der Souffleur, die graue Eminenz. Die Mathematik sprach zu den Schülern, nicht die Schule. Muster zu finden war etwas Spannendes. Diese Sprache der inneren Logik, die niemals letztgültig wurde, erweckte tote Materie zum Leben. Sie bekam keinen neuen Anstrich, sondern fing an zu sprechen. Das Fach wurde wahrhaftig zu einer Welt der Sterne, die überall hinter grauen Fassaden hervor blitzten. Dafür stand Herr Weißschnitt: Für eine Sternenwelt über seiner staubtrockenen Mimik. Seltsamerweise war es das, was schwache Schüler angesprochen hat, was verfing. Herr Weißschnitt legte den Grundstein des Erfolgs, indem er fachliche Systematik zum Sprechen brachte. Didaktik war für ihn der Sargnagel jeder Fachlichkeit. Er war

Purist und kein Dekorateur. Selbst wilde Horden sprangen darauf an: Nicht der Lehrer erzieht, sondern das Fach. Das war sein Credo.

Und trotzdem erzog er durch sein Nichterziehen. Seine Ironie der Ernsthaftigkeit, sein schneller Blick, und man konnte sich auf ihn verlassen. Er brauchte nur das: Eine Aufgabe und seinen Blick. Er war Purist. Das verlieh ihm Aufmerksamkeit und Autorität.

Wenn man so will, lehrte auch er eine Poesie: Die Reduktion auf das wesentliche, um erkennen zu können. Um den konzentrierten Blick zu aktivieren. Um ganz in der fachlichen Urstruktur zu denken. Eine Tragikomik der Bildung: Die Anfänge sogar im Digitalen wiedererkennen. Herr Weißschnitt war aber auch menschlich. Er war tolerant und liberal. Obwohl mit kleingeistiger Organisation betraut, war er kein Kleingeist. Er brachte Strukturen zum Singen. Er spielte das Lied der digitalen Kreativität.

9. Frau Holle

Frau Holle spielte das Lied der Stringenz. Wenn man ein Gedicht vor sich hatte, suchte sie nach der Komposition der Muse. Wörter, Figuren, alles fügte sich zusammen, und es galt, die Bedeutung des Einzelnen für das Ganze zu ergründen. Ein bisschen war das wie konzertierte Anstrengung, ganz dabei zu sein, die Gedanken fließen lassen, Bedeutungen hervorlocken, produzieren. Sie suchte nach dem Flow im Ergründen, und sie animierte ihre Schüler, dass Lyrik jeden dazu bringen kann, etwas Anderes, Schönes zu hören. Hört genau hin, hört! Frau Holle schüttelte die Texte. Sie waren wie Wundertüten, in die man eintauchte, obwohl man Beobachter blieb. Nüchterne Erkenntnis war ihr wichtig, und dennoch schneite es Poesie. Manchmal war die Poesie ein Arbeitspensum. Darin war Frau Holle eine Meisterin: Dass Disziplin des Arbeitens fokussiert war und deshalb ansteckte. So entstanden gute Gedanken. Verstehen erforderte Anstrengung. Sie vermittelte jedem die Gewissheit, dass es sich lohnt, gute Gedanken zu haben. Es entstand ein Moment, in dem unhintergehbar Empfinden und Kognition verschmolzen. Dabei blieb sie immer klar und stringent. Es waren keine Irrfahrten oder Fluchten. Sondern Konstrukte der Bedeutungsstruktur.

Frau Holle gab jedem das Gefühl, dass seine Gedanken essentiell sind und dass Eintauchen in die Welt lyrischer Bedeutungen einen Lebenswillen darstellt. Dann moderierte sie Gedanken. Mit Stringenz. Ihre Welt war Struktur, aber ihr Elixier war Kreativität. Sie wusste darum, was das Leben zusammenhält. Sie war stark, obwohl sie das Schicksal nicht in Ruhe ließ. Frau Holle war verwundbar, aber gestählt. Struktur gab ihr Halt im Leben. Sprache verstand sie nicht als Kunst, sondern als architektonisches Meisterwerk. Als Komposition, die einem etwas sagt, das real ist.

Ihr bürgerliches Leben trug sie auf die Bühne, aber ihre Sehnsucht war, mit Gedanken Sinn zu komponieren, wie ein Crescendo, immer tiefgründiger, ohne zu versinken. Die Kontrolle nicht verlieren. Frau Holle liebte es, wenn Klarheit den Raum erfüllte. Den Blick schärfen. Von einer Leiter aus Beton. Ein Blumenmeer war ihr zu blumig. Sie war Frau Holle. Von irgendwo musste sie ihre Anregungen regnen lassen. Nicht versinken, mit beiden Beinen fest stehen. Den Treibstoff der lyrischen Welt über die Köpfe ergießen, auf dass diese rauchen. Das war Wolke 7, keine Transzendenz, sondern ein Beobachterposten. Alles im Blick haben. Animationen setzen. Wie Frau Holle.

Frau Holle war gut organisiert. Ihre Rollendistanz war maximal. Sie beobachtete ihr Tun. Ihre

Inszenierung blieb authentisch, und deswegen erfüllte sie die Seelen mit geistiger Euphorie. Und Haltung, dass sich Anstrengung lohnt. Ein wenig konnte man beobachten, dass das auch Szenen einer Tragikomik waren. Sie kämpfte mit ihren Gefühlen. Doch der Kampf mit den Wörtern war eine planbare Schlacht.

Sie spielte auf der Klaviatur gelenkter Diskurse wie ein Pianist. Ihr zugewandter Charakter machte daraus eine Bootsfahrt, auf der es auf jeden ankommt. Mit einem hohen Mast, auf den jeder mal steigen und sich den Blick einprägen soll. Sie malte keine Fassaden an und erwartete Resonanz. Sie schuf eine geistige Erlebnispädagogik, in der die kulturelle Materie in den Teilnehmern anfing zu singen. Das war Frau Holle. Ihre Partitur kannte keinen Verdruss und keine Lethargie. Sie zu spielen war eine innere Pflicht. Dadurch reifte der Charakter. Und das war ihr eigentliches Ziel: Beobachten, wie das lyrische Denken den Charakter formt.

Frau Holle war Pädagogin, keine Künstlerin. Ihr offenes Herz und ihr klares Auftreten zivilisierten auch wilde Horden. Und das war ihr eigentliches Anliegen: Zivilisation zu lehren. Denkformationen. Diskurskultur. Sich auf das Abenteuer des Austauschs begeben. Es aushalten, dass Wahrnehmungen abweichen, aber ein Weg zu Wahrheit sind. Dass die Struktur der Lyrik Wahrhaftigkeit schenkt. Das war ihr ein Bedürfnis. So war Frau Holle.

10. Herr Kern

Herr Kern hatte noch wenig Berufserfahrung. Aber er trat auf wie ein alter Hase. Seine Leidenschaft galt der Aufklärung. Was ist Klima, was Wetter? Sind Autos wirklich an der Klimaerwärmung schuld? Herr Kern stellte gerne Ideologien auf den Kopf und war wissenschaftlich versiert. So konnte er Hypes durchschauen und klärte seine Schüler auf. Es bereitete ihm Vergnügen, Fanatismen gegen den Strich zu bürsten. Die Lügen und Wirrnisse von Bewegungen aufzudecken. Er amüsierte sich darüber, wie alle dem Kind aus Schweden folgten. Solchen Schafherden begegnete er mit Kopfschütteln. Er dachte an Einstein, der sagte, man müsse vor allem ein Schaf sein, um ein gutes Mitglied einer Schafherde zu sein. Er verachtete diese Glaubensbewegungen, die einem Glauben folgten, ohne die Analysen zu kennen. Herr Kern brillierte mit Fachlichkeit. Er war zwar locker und verbindlich und hatte einen unkonventionellen Draht zu den Schülern. Vor allem war er vollkommen befreit von dekorativer Pädagogik. Er hatte zwar den Hang, sich mit seinen Computer- oder mit Didaktik- Kenntnissen in die schulische Aufgabenflut zu stürzen. Aber sein Blick war geschärft und sein Wirken der Wahrheit verpflichtet. Und deswegen war er auch streng, was fachliche Korrektheit anging.

Was ihn auszeichnete, war sein moroser Umgang mit den Systempflichten. Er wollte doch Schülern die Faszination der Wissenschaft zeigen. Warum störte man ihn dauernd mit unnötigem Firlefanz? Wissenschaft lehrt uns, Sein nicht mit Schein zu verwechseln. Und das lehrte er seine Schüler. Und er spielte damit und kaufte sich einen Rennwagen, um genau diesen Unterschied zu karikieren. Um dem grünen Mainstream zu trotzen. Seine Leidenschaft war, mit dem Schein zu spielen, damit alle sehen, dass sie sich verlaufen haben, weil sie die Wissenschaft bloß oberflächlich lasen.

Herr Kern unterrichtete auch Deutsch. Er lehrte die höheren Bedeutungen der Literatur. Also gut, natürlich ließ er auch Diktate schreiben und korrigierte gnadenlos, wenn er schon in dem Panoptikum der Pflichten eine Rolle einnahm. Doch eigentlich ging es ihm darum, das Verhältnis herauszuschälen, das die Schüler aus ihrer Lebenswelt heraus zu den literarischen Darstellungen haben könnten. Es war ihm ein Vergnügen, sie dazu zu bringen, das literarische Handeln als eine eigene Möglichkeit zu denken. Sein bedachtes Erscheinungsbild, sein feinsinniger Humor und seine Ehrlichkeit auch gegenüber problematischen Charakteren vermittelten konzentrierten Ernst. In dieser Atmosphäre konnten die Schüler ihr Gebaren ablegen und beginnen, nach Erkenntnis zu streben. Herr Kern lehrte sie, Bedürfnisse nach Erkenntnis zu entwickeln. Diese kam immer leise. Nur die Demagogie braucht

Lautstärke. Erkenntnis versteckt sich nicht hinter Erscheinungen oder ist ein streitbares Objekt. Und sie lässt sich nicht vermitteln. Sie wohnt in der erfahrungsgeladenen Betrachtung von Handlungen, von Aktionen, in ihren Verweisungshorizonten. Erkenntnis erwächst aus unserer Wahrnehmung. Verglichen mit Wissenschaft, natürlich. Aber geisteswissenschaftlich gesehen ist Wissenschaft ja ein Produkt unserer Wahrnehmung.

Ach herrje, was ist die Schule doch profan. Sie will Erkenntnisse vermitteln, obwohl es diese gar nicht als Wissen gibt. Herr Kern haderte mit seiner Rolle. Er zelebrierte sie auch. Er lebte den produktiven Zweifel. Er beherrschte die Nomenklatur des kritischen Blicks. Er war Aristoteles, der nach dem inneren Kern aller Erscheinungen sucht. Seine Schüler spürten das. Sein Unterricht war eine Verheißung. Es war eine Sehnsucht nach Sinn. Sie wanderten auf den Spuren des Mentalen, sie prologierten die Harmonie zwischen Künstler und Kunst. Sie wollten sicher sein, was zählt. Herr Kern perturbierte diese Wanderung mit bitterem Sarkasmus. Das beflügelte die Selbstbeobachtung beim Arbeiten und war darüber hinaus ein Hinweis: Wer seine Wahrnehmung zu ernst nimmt, wird von ihr betrogen. Sarkasmus hieß sein Crecscendo und Diminuendo im Wandern. Er persiflierte die Sanguiniker dieser Welt: Es stehen keine Bäume im Wäldchen. Der Wald ist ein Ökosystem. Wieder täuschten uns die Sinne. Das Wesentliche liegt hinter ihrem Horizont.

Dann fuhr Herr Kern mit seinem Rennwagen nach Hause. Vorbei an den ganzen Gretanisten, die seine Tiefgarage blockierten. So, wie sie blockierten, waren sie auch verblendet. Die Schüler blieben ratlos und nachdenkend zurück. Er machte Tabletunterricht, war aber Aristoteles. Dass die Phänomene der Welt erkennbar sind, durch betrachtende „Tätigkeit, die um ihrer selbst willen ausgeübt wird; unabhängig von Umwelt und Mitmenschen. Das war das Lyeikon des Herrn Kern. Seine Ambivalenz hallte im Zimmer nach und erfüllte den Raum mit dem tätigen Geist. Sein Zentrum war das Wissen hinter dem Wissen. Aristoteles widmete sich der Naturlehre und erforschte die Wolken. Er erfand den Begriff der Bedeutung. Alles war Zusammenhang. Misstraut dem Einfachen. Der Schein verführt zu falschem Glauben.

Die Welt des Herrn Kern oszillierte zwischen Modernität und altmodischer Andersartigkeit. Diese Dichotomie weckte die Neugier seiner Begegnungen. Seine nüchterne Herangehensweise an Komplexität versprühte Echtheit. Er war keiner, der „Bescheid" wusste. Er wusste, dass Digitales keine Erkenntnis bringt, und nutzte es trotzdem beim Wandern. Tugend war sein Auftreten. Und das kommt von Taugen. Er war ein praktischer Philosoph. Oder spielte er genauso mit den Wirrnissen der Zeit, wie er mit sinnlosen Strukturen haderte?

11. Herr Graukohl

Herr Graukohl war ein Lehrer vom alten Schlag. Jeden Morgen rauschte er in seinem roten Fiat in die Schule. Er war uneitel. Aber er hatte diesen Kompass, was beim Lernen zählt, und zwar Tugenden, wie seit einer Ewigkeit: Fleiß, sich kümmern, Erfolg haben wollen. Er war ein Haudegen und schmiss den Schlüssel nach faulen Flegeln. Schüler hießen bei ihm Schmitt, Müller und Meier. Was aussieht, als wäre Herr Grauukohl rabiat, war ganz und gar nicht der

Fall. Er stand immer auf der Seite der Schüler. Herr Graukohl hatte ein robustes Auftreten, aber ein weiches Herz. Für ihn war Mathematiklernen wie Fahrradreparieren. Er war ein Realist. Er animierte auch nicht Affine, die Gesetzmäßigkeiten nachzuvollziehen. Er trat ihnen in den Hintern. Er zwang sie, die einfache Regelsystematik zu lernen. Er setzte auf Anstrengung. Kleine Scherze halfen ihm dabei das durchzusetzen. Obwohl rabiat, zeigte er Respekt vor jeder Schülerpersönlichkeit. Er traute jedem zu sich Erfolg zu erarbeiten. Er war überzeugt von der unermüdlichen Faszination der Mathematik. Sein Unterricht war wie eine Führung durch ein Technikmuseum. Eine Welt der Funktionalität, die zu leuchten begann. Und seine Leidenschaft auch. Herr Graukohl war unermüdlich. Sein Eifer steckte an. Jeder konnte ein Mathematiker sein. Er musste nur einen Zugang legen.

Herr Graukohl war wahrlich kein Schöngeist. Er war eine ehrliche Figur. Er lebte die Werte der klaren Sprache. Er war ein Vorbild, ein Arbeiter, der Leistung zeigen wollte. Herr Graukohl stand für die alte Schule, in der Lernen eine Willens- und Arbeitstechnik war. Der Verstand dazu war für ihn eine anthropologische Begebenheit. Der Kampf war eine Frage des Willens.

Wenn Herr Graukohl in seinem Fiat nach Hause fuhr, dann vergaß er die Materie und die Personen. Es gab eine Zeit des Arbeitens und eine Freizeit. Das trennte er klar. Vor allem war Mathematiklernen eine Arbeitszeit. Er hatte Erfolg mit seiner Welt der klaren Abtrennungen. Er spielte die Musik der Vergangenheit und ließ sie in der digitalen Welt leuchten. Aber nicht, indem er die Anstriche erneuerte, sondern weil er seine Überzeugungen in die Gegenwart rettete. Es war wie eine Reise in seine Vergangenheit.

Und auf die nahm er die Schüler mit. Dort erfreute man sich an einfachen Dingen. An der Schlichtheit manueller Abläufe. An ihrer Mechanik. Deren Präzision war Ausdruck eines Erfindergeistes. Dessen Faszination war sein Auftrag. Zurück zu den Wurzeln. Keine Experimente. Kein Schnickschnack. Sondern Purismus.

Herr Graukohl war aus der Vergangenheit gekommen. Bei seinem Anblick konnte man den gewachsten Schulboden riechen. Er verlieh einem das Gefühl der Sicherheit. Dass aller Erfolg einfach von Tugenden abhängt. So war Herr Graukohl.